FILZ FÜR BEKLEIDUNGSZWECKE
- ein Arbeitsheft

Charlotte Buch

FSC
www.fsc.org
MIX
Papir fra
ansvarlige kilder
Paper from
responsible sources
FSC® C105338

Filz für Bekleidungszwecke
- ein Arbeitsheft

Foto auf Vorderseite: Roland Brinkberg
Übersetzung: Bjørn Mieritz
Korrektur: Miriam Geyer

1. Auflage

ISBN 9788771882551

Verlag:
BoD - Books on Demand, Kopenhagen, Dänemark
Druck: BoD
Books on Demand, Norderstedt, Deutschland

Ein großer Dank an Ulla Winding, die mich zum Schreiben dieses Hefts aufforderte.

FILZ FÜR BEKLEIDUNGSZWECKE - EIN ARBEITSHEFT

INHALT

EINLEITUNG

Das Filzen hat als Handwerk und als künstlerischer Ausdruck in den letzten 10 Jahren eine kolossale Entwicklung gemacht. Das Interesse zur Herstellung von großen Flächen für Bekleidungsstücke oder Wohntextilien wächst.
Um dünne Stoffe herzustellen gibt es heutzutage viele Techniken. Ich habe das Bedürfnis nach einer Beschreibung dieser Techiken bei einem Teil meiner Schüler bemerkt. Dieses Heft erfüllt aus diesem Grund zweierlei Zwecke: Erstens ist es für diejenigen gedacht, die Lust haben, mit diesen Techniken auf eigene Faust zu arbeiten. Zweitens ist es aber auch als eine Ergänzung zu meinen Kursen gedacht.

In diesem Heft gibt es nur reine Arbeitsbeschreibungen ohne viele Beispiele. Deshalb ist ein gewisses Maß an Vorwissen über das Filzen sicher von Vorteil.

Bei all den beschriebenen Techniken wird Merinowolle als Ausgangsmaterial vorausgesetzt. Benutzt man andere Wolltypen (z.B. gröbere) kann es sein, daß meine Angaben nicht exakt stimmen, oder daß einige der beschriebenen Techniken überhaupt nicht angewendet werden können.
Einige Jahre habe ich für meine Stoffe und Bekleidungsstücke ausschließlich Merinowolle verwendet,weil ich damit die erwünschten Filzqualitäten erhalten habe. Es gibt aber auch andere Fasern, die für das Herstellen von dünnen Stoffen geeignet sind. Es wird immer vom persönlichen Ermessen abhängen – über den Geschmack läßt sich zum Glück nicht gut streiten.

Wenn man eine dünne und relativ große Filzfläche herstellen möchte, die z.B. für Bekleidung geeignet ist, muß man miteinkalkulieren, daß sie einläuft. Das Herstellen einer Filzfläche erfordert mindestens eine doppelt so große Auslegfläche. Wenn man als Endergebnis eine Fläche von 2 x 2 Metern haben möchte, hat man als Ausgangspunkt eine Auslegfläche von ca. 4 x 4 Metern. Die Frage ist also: Wie soll man, mit dieser grossen Fläche hantieren?
In diesem Heft benutze ich anfangs vor jedem Kapitel ein Modell, um kurz zu illustrieren, welche Techniken ich beschreiben werde.
Das Modell wird auch bei jeder einzelnen Technik benutzt, um die Eigenschaften und Vorzüge, die meiner Meinung nach in der jeweiligen Technik enthalten sind, hervorzuheben. Hoffentlich tragen diese Modelle dazu bei, Ihnen einen Überblick über die Möglichkeiten jeder einzelnen Technik zu verschaffen.

Viel Spaß.

BERECHNUNG DER AUSLEGFLÄCHE

Ich habe öfters erlebt, daß dies einem Teil der Filzer Schwierigkeiten bereitet. Die Lösung ist wie folgt:
· Man stellt einige Proben mit der Wolle her, die man benutzen möchte
· Man mißt die Probe vor und nach dem Filzen
· Und man wiegt die verwendete Menge Wolle sowohl vor als auch nach dem Filzen

Berechnung

Man nimmt ein Stück Papier, Größe A4, wiegt es und legt die Wolle in zwei Schichten in der gewünschten Dicke darauf. Die erste Faserschicht in groß Längsrichtung und die Zweite quer, so daß sie kreuzweise liegen. Wenn die Faserschichten nicht die ganze Fläche des Papiers bedecken, werden Länge und Breite der Probe gemessen. Man kann auch die Maße des Papiers für die Berechnung verwenden.
Jetzt muss man das Papier mit der Wolle darauf wiegen und das Gewicht des Papiers von dem Ergebnis abziehen.(Ich schlage das Papier als Unterlage vor, weil es schwierig ist, die genau benötigte Menge Wolle zu berechnen. Auch ist es schwierig, eine dünne Wollschicht hochzuheben, ohne daß sie vollkommen auseinanderfällt.)

Jetzt kennt man:
· Die Wollmenge für die Probe
· Die Länge der Probe
· Die Breite der Probe

Nun wird die Probe zur gewünschten Qualität gefilzt, getrocknet und gewogen, um möglichen Schwund feststellen zu können. Zuletzt werden Länge und Breite der Probe gemessen.

Jetzt hat man:
· Das Gewicht der Wollmenge von der fertigen Probe
· Die Länge der fertigen Probe
· Die Breite der fertigen Probe

Mit diesen Informationen kann man berechnen, wie groß die Wollschicht sein muß, um ein Stück Filz in einer bestimmten Qualität und mit bestimmten Maßen herzustellen.

Man teilt die Breite der Wollprobe durch die Breite der gefilzten Probe. Jetzt hat man einen Berechnungsfaktor. Hiermit kann man berechnen, wie groß die Wollfläche sein muß, um ein bestimmtes Endergebnis zu erreichen.

Der Berechnungsfaktor für Länge und Breite ist oft derselbe. Eine Ausnahme ist aber z.B. die Wurftechnik. Hier wird das Material im ersten Teil des Filzprozesses nur in der Längsrichtung ausgerollt. Diese unterschiedliche Bearbeitung des Materials in Längs- bzw. Querrichtung hat auch einen unterschiedlichen Berechnungsfaktor für Länge und Breite zur Folge.

$$\frac{\text{Breite der Wolle}}{\text{Breite des gefilzten Materials}} = \textbf{Berechnungsfaktor für die Breite}$$

$$\frac{\text{Länge der Wolle}}{\text{Länge des gefilzten Materials}} = \textbf{Berechnungsfaktor für die Länge}$$

Ein Beispiel

Wir stellen uns vor, daß man eine Bettdecke mit den fertigen Maßen 2 x 2,5 Meter herstellen möchte.

Man hat eine Qualitätsprobe hergestellt und dabei einen **Berechnungsfaktor von 1,8** sowohl für die Länge als auch für die Breite Errechnet.

Nun multipliziert man die fertigen Maße mit dem Berechnungsfaktor:

Breite: 2 Meter x 1,8 = 3,6 Meter Auslegbreite

Länge: 2,5 Meter x 1,8 = 4,5 Meter Ausleglänge

Eine Wollfläche dieser Größenordnung kann man weder auslegen noch in einem Arbeitsgang verarbeiten. Mit Hilfe verschiedener Dampftechniken und durch eine Aufteilung des Filzprozeßes kann man dieses Problem lösen.

Berechnung des Wollverbrauchs

In manchen Wolltypen kann es noch Restbestände von Fett und Schmutz geben. Diese verschwinden jedoch während des Filzprozesses und das Gewicht ändert sich von der Wollprobe bis zur fertigen Filzprobe. Ich empfehle deshalb, das Gewicht der Wollprobe als Ausgangspunkt einer Berechnung zu benutzen.

Berechnung der Probefläche:

Länge x Breite der Auslegfläche = ?m²

Gewicht der Auslegfläche = ?g

Ein Beispiel

Wir haben eine ausgelegte Wollprobe mit den Maßen 0,6 m x 0,6 m. Die Berechnung ergibt:

Fläche= 0,6 m x 0,6 m = 0,36 m^2

Menge= 26 g Merinowolle

Für 1 m^2 sind deshalb (1 m^2:0,36 m^2) x 26 g = 72 g nötig.

Die Berechnung des Wollverbrauchs einer Decke mit einer Auslegfläche von 3,6 m x 4,5 m, lautet also:

Fläche: 3,6 m X 4,5 m = 16,2 m^2

Diese Fläche wird mit der Wollmenge für 1 m^2 multipliziert:

Wollverbrauch: 16,2 m^2 x 72 g = 1166 g

AUSLEGEN DER WOLLE

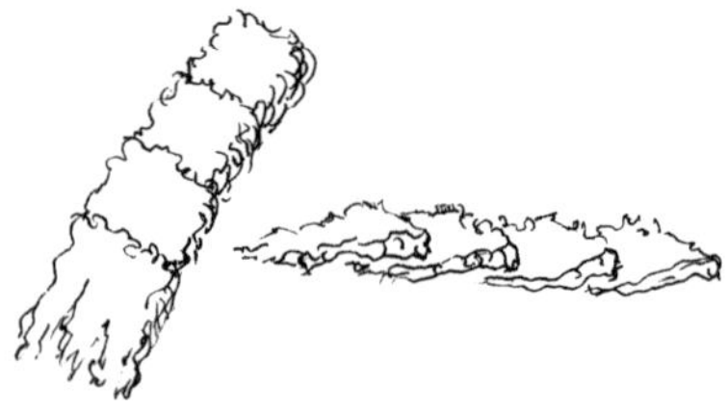

1. Auslegen kardierter Wolle mit Überlappung.

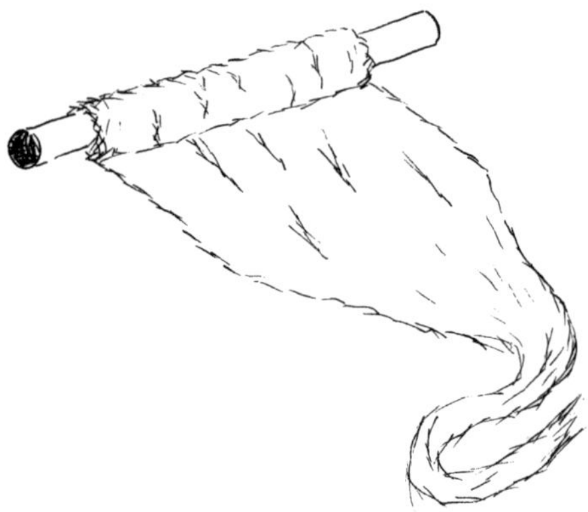

2. Ausbreiten und Aufrollen von Merinowolle in Bändern.

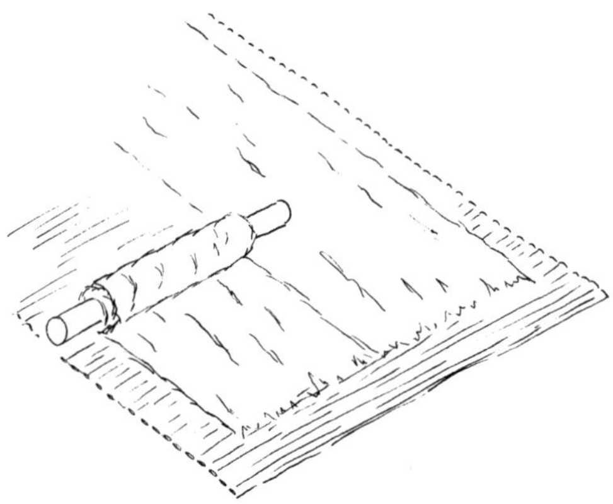

3. Auslegen in einer Matte mit Merinobändern.

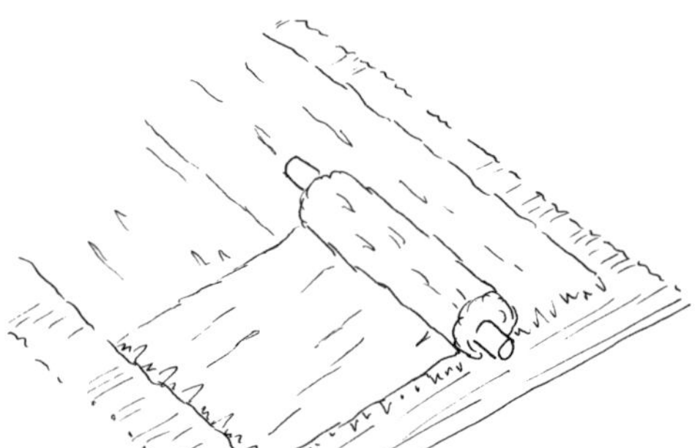

4. Auslegen der Wolle in zwei kreuzweise gelegten Schichten.

Das Auslegen der Wolle ist ein sehr wichtiger Prozess, ganz gleich ob das Endergebnis für Bekleidungszwecke gedacht ist oder nicht .

Aus eigener Erfahrung weiss ich, daß man mit einer sehr dünnen Wollschicht letzten Endes ein sehr dünnes und strapazierfähiges Stück Filz herstellen kann.

Mit einer sehr dünnen Wollschicht hat man aber ein doppeltes Problem:

1. Die Wolle schrumpft so stark, daß eine Riesenfläche nötig ist.
2. Große, dünne Wollflächen fallen sehr leicht auseinander.

Die Frage ist: wie kann man zusammenhängende Flächen herstellen, die größer als die zur Verfügung stehenden Bambusmatten sind.

Die Antwort darauf lautet: Es werden zuerst mehrere kleinere Mengen des sogenannten Vorfilz hergestellt. Diese werden dann zu der gewünschten Filzfläche verarbeitet. Aber zurück zum Auslegen der Wolle.

Zuerst nimmt man eine Bambusmatte. Dann wird die abgewogene Wollmenge in zwei feine Schichten gleichmässig über die ganze Bambusmatte ausgebreitet. Die einzelnen Strähnen sollen dabei einander überlappen (Bild 1). Eine Schicht geht in Längsrichtung und die andere quer zur Matte.

Man kann auch die Merinowollstränge (Tops), die man in langen Bändern erhalten kann, verwenden. Sie werden so ausgelegt, daß sie 50-60 cm der Breite bedecken (Bild 2). Die Länge richtet sich nach dem gewünschten Ergebnis. In einem Stück Papier wird die Fläche aufgerollt. Auf diese Weise erhält man beinahe eine Meterware aus dem dünnen Fasergewebe. Den Inhalt der Rolle kann man jetzt leicht auf der Bambusmatte ausrollen (Bild 3). Zuerst rollt man in die eine Richtung und danach in die andere. Diese zwei Schichten liegen jetzt kreuzweise (Bild 4). Die Ränder beschneidet man am besten mit einer Schere, wenn man an den Rand kommt.

Man kann sich auch nur mit einer Schicht Wolle beim Auslegen begnügen. Erfahrungsgemäss erhält man dadurch aber ein Filzmaterial, das schnell Löcher bekommt. Wenn man ein dünneres Material wünscht, schlage ich vor, die beiden kreuzweise gelegten Schichten zu bewahren, die Schichten aber so dünn wie möglich auszulegen. Die kreuzweisen Schichten ergeben ein viel wiederstandsfähigeres Material. Und gerade das braucht

VORFILZ

Vorfilz ist, ein leicht gefilztes Material, das im Großen und ganzen in allen Techniken hergestellt werden kann.Einige der Techniken sind für diesen Zweck jedoch geeigneter Z.B. die Dampftechniken, weil sie schneller sind und das Material dabei trocken bleibt, und man es gleich nach der Herstellung weiterverarbeitet kann.

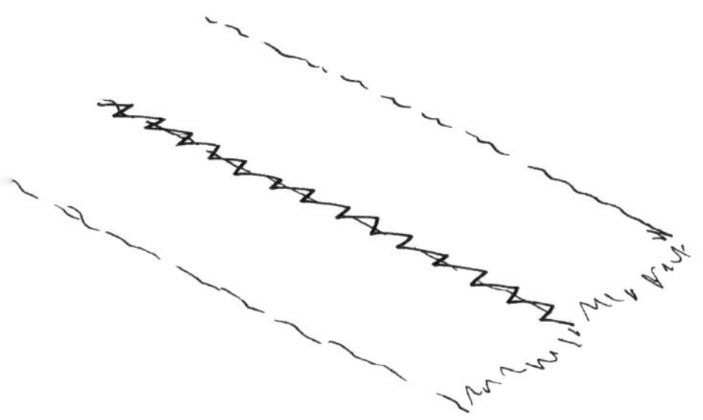

5. Zusammennähen von zwei vorgefilzten zickzack stich.

Vorfilz kann auch traditionell in einer Rollmatte mit Wasser und Seife hergestellt werden. Nach kurzem Rollen haben sich die Wollfasern genügend verbunden. Man kann jetzt mit dem Filzen aufhören, und den Vorfilz trocknen lassen. Wenn man ihn innerhalb einiger Tage völlig verarbeiten möchte, kann die Seife drin bleiben. Ist das nicht der Fall, ist es besser, die Seife aus dem Material auszuwaschen. Die Fasern können beschädigt werden, weil die Seife stark basisch ist.

Das vorgefilzte Material kann man entweder zusammenfilzen oder zusammennähen. Auf diese Weise bekommt man ein Material, mit dem man hantieren kann und das so groß ist, daß man davon eine Bettdecke herstellen kann. Das vorgefilzte Material kann auch zur Herstellung von Mustern benutzt werden.

Zusammennähen:

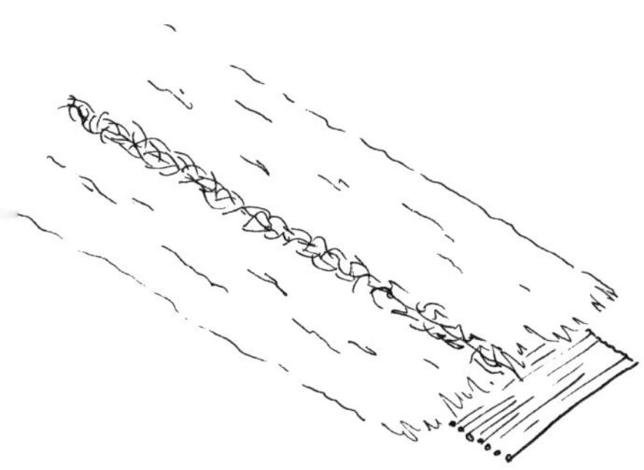

6. Auslegen und Verfilzung zweier vorgefilzter Schichten in einer Matte.

Man kann zwei Stück Vorfilz mit der Nähmaschine zusammennähen, indem man sie Saum an Saum legt und mit einem Zick-zackstich verbindet (Bild 5). Vorher kann man eventuell die Säume sauber beschneiden, dann ist das Zusammennähen leichter. Das Ergebnis ist eine unsichtbare Verbindung der beiden Stücke.

Überlappen die beiden Stücke nach dem Zusammennähen, muß man damit rechnen, daß dies am fertigen Material wegen der doppelten Schicht sichtbar hervortritt. Dies kann jedoch auch bewußt als Wirkung beim Stoff eingesetzt werden.

Zusammenfilzen:

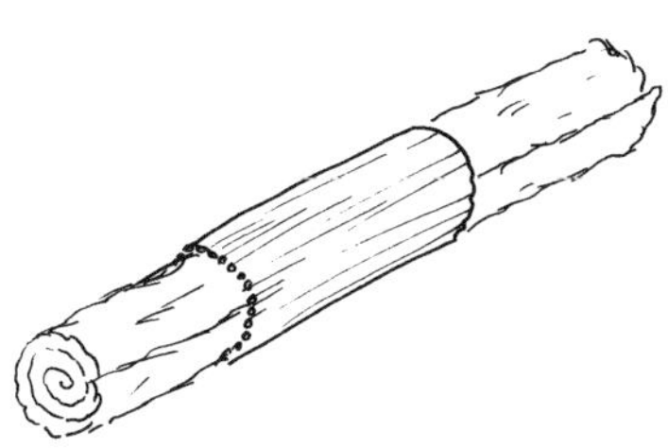

7. Die zusammengerollte Matte mit den beiden vorgefilzten Stücken.

Die beiden Stücke Vorfilz können auch zusammengefilzt werden. Man legt die beiden Stücke in eine Rollmatte. Die Breite der Matte ist unwesentlich, die Länge muß aber übereinstimmen(Bild 6). Wenn die Ränder des Vorfilzes nicht locker genug sind, müssen sie erst vorbereitet werden, indem man einige der Fasern herauszieht. Dadurch erleichtert man den Fasern das gegenseitige Ineinander greifen. Man kann auch einige lose Fasern! auf die beiden vorgefilzten Stücke legen, um den Filzprozeß zu fördern. Nach diesen Vorbereitungen kann der Vorfilz in die Matte gerollt werden (Bild 7).

Jetzt wird ausschließlich auf die Mitte der Matte , dort wo die beiden Bahnen aneinander stoßen, Seifenwasser gegossen. Dabei dürfen die Enden, die aus der Matte herausragen, nicht naß werden. Durch zu viel Wasser fangen sie an, schlapp zu werden, und das kann bedeuten daß sie beim Rollen auseinandergehen. Man muß öfters die Matte aufrollen und kontrollieren, ob die beiden Stücke anfangen, sich zu verfilzen. Wenn die beiden teile sich verbunden haben, kann das Stück aus der Matte heraugenommen werden. Nun kann man es mit Hilfe der Wurftetechnik fertig filzen, nachdem man das Stück noch einmal mit Seifenwasser durchnäßt hat.

Färbung:

Wenn man kardierte Wolle oder Merinobänder (Tops), färbt, ist das Material am Ende ziemlich verfilzt, und man muß die Wolle noch einmal kardieren. Die Dampftechniken eignen sich besonders, wenn es darum geht, ein dünnes, vorgefilztes Material herzustellen, das anschließend gefärbt werden soll. Beim vorgefilzten Material ist die Wolle schon in Flächen ausgelegt worden, es fehlt also nur noch die Farbe. Es macht auch nichts, wenn sich das Material während der Färbung ein bißchen verfilzt, weil die Fasern schon in der gewünschten Richtung liegen.
Für die Färbung faltet man die vorgefilzte Bahn wie eine Harmonika zusammen, so daß ein kleines Paket von ca. 20 x 30 cm entsteht. Dieses Paket wird in einen Wäschebeutel gelegt. Dadurch wird das Material zusammengehalten, während es sich im Farbbad befindet. Jetzt wird vorsichtig umgerührt. Das Material muß während des gesamten Färbeprozesses bewegt werden. Nur so kann man sicher sein, daß das Material gleichmäßig gefärbt wird.
Nach der Färbung und dem Spülen kann man das Material vorsichtig auspacken. Jetzt hat man eine gefärbte, vorgefilzte Fläche.

Nach dem Zusammennähen, Dekorieren oder Färben kann der Vorfilz mit Hilfe einer Rollmatte oder der Wurftechnik zum fertigen Filz verarbeitet werden.

Techniken

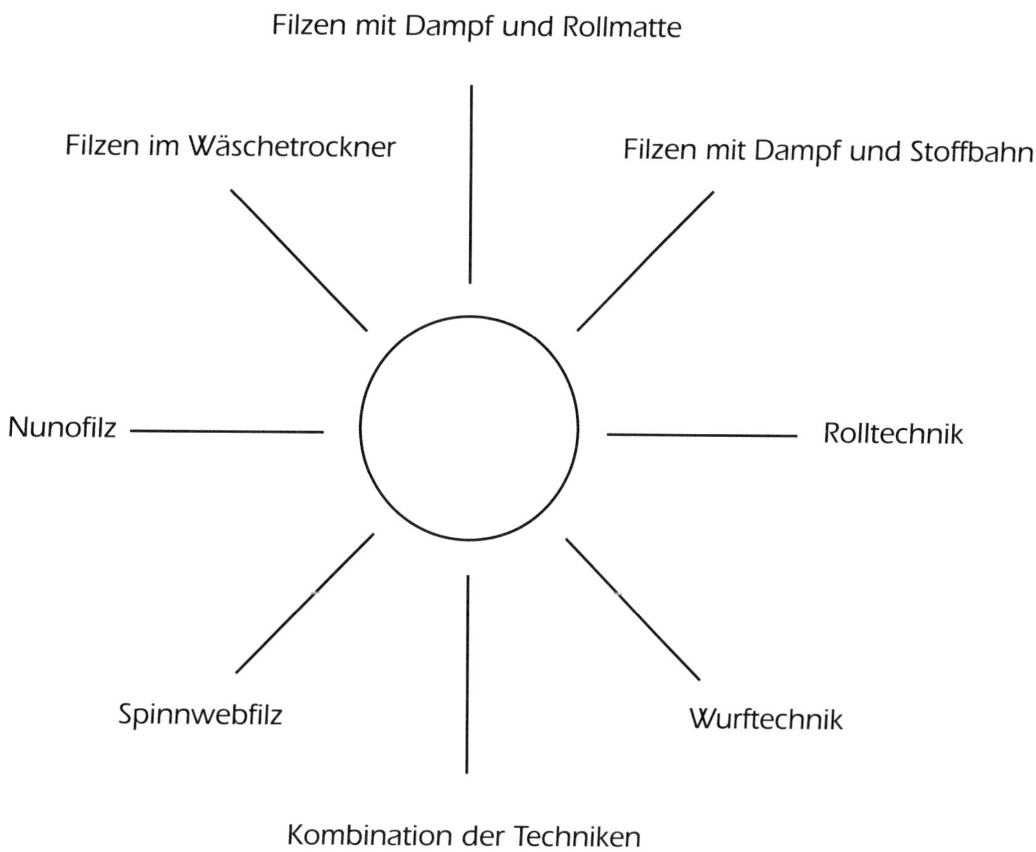

TECHNIKEN ZUR HERSTELLUNG VON FILZ FÜR BEKLEIDUNGSWECKE

Das obenstehende Modell illustriert die Filztechniken, die in diesem Heft beschrieben werden.

Durchgehenden Techniken sind die Rolltechnik und die Wurftechnik. Sie können für den ganzen Filzprozeß vom Auslegen der Wolle bis zum fertigen Produkt verwendet werden.

Teiltechniken nenne ich die drei Dampftechniken, da ihre Stärke z.B. darin besteht, das Filzmaterial in der Anfangsphase zu einer zusammenhängenden Fläche zu verbinden. Anschließ End wird sie entweder mit der Roll- oder der Wurftechnik fertig gefilzt.

Spezialtechniken nenne ich Nunofilz und die Spinnweb- technik, da sie zur Herstellung von speziellen Strukturen verwendet wird.

Rolltechnik

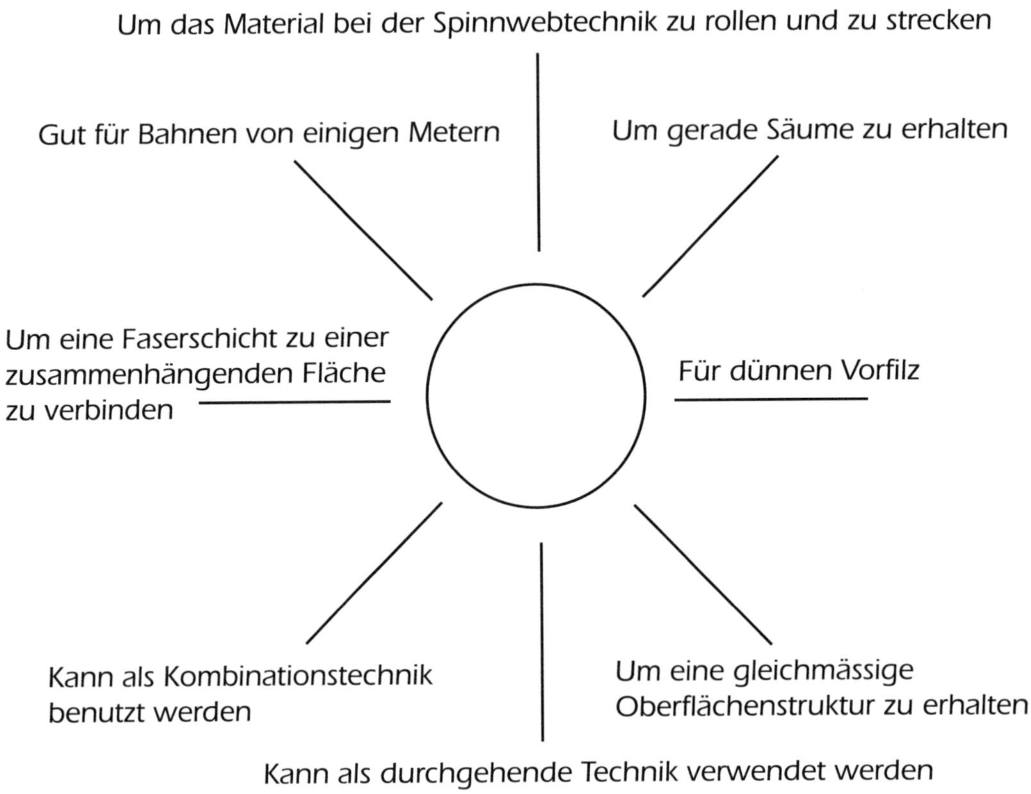

ROLLTECHNIK

Anwendung:

Die Rolltechnik ist sicher eine der am meisten verwendeten Filztechniken. Sie wird in den Steppen der Mongolei, den kleinen Werkstätten der Türkei und auch in ganz Europa angewendet. Dabei nutzt man die Eigenschaft der Wolle, sich mit Hilfe von Feuchtigkeit/Wärme und Druck/Bewegung in ein zusammenhängendes Material zu verwandeln. Mittels kann diese Eigenschaft ausgenutzt werden. Oft ist Wärme nicht einmal notwendig. Feuchtigkeit und Bewegung genügen vollkommen.

Ich habe mich nie mit der krummen Arbeitshaltung beim Rollen abfinden können. Ständig versuche ich diese zu meiden, indem ich andere Techniken benutze und neue erfinde. Die Anzahl der dauerhaften Rücken- und Armschäden ist beträchtlich. Auf alle Fälle muß man beim Filzen auf die Körperhaltung achten.

Die Rolltechnik hat aber auch viele Vorteile. Sehr dünnes Filzmaterial läßt sich damit hervorragend verbinden. Auch ist es leicht, das Material beim Filzen zu kontrollieren, und dabei gerade und glatte Säume zu erhalten. Die Rolltechnik ist eine durchgehende Technik, die vom Auslegen der Wolle bis zum fertigen Material benutzt werden kann.

Materialien:

In der ganzen Welt wird Filz in allen Stärken, aus ganz unterschiedlichen Wolltypen und in ganz verschiedenen Qualitäten hergestellt. Gerade die Rolltechnik kann man bei allen Wolltypen benutzen.

Filzgeräte:

Bambusrollmatten (gern einige, die zusammengenäht sind, damit die Rollmatte doppelt so lang wird), eine Gardisette Gardine, Seife, eine Schüssel, alte Handtücher, ein Topf, ein Kochherd, Wasser und ein Arbeitstisch.

Der Arbeitsprozeß:

Das Auslegen der Wolle in der Rollmatte:

(siehe unter: Auslegen der Wolle)

Das Rollen:

Nachdem die Matte zusammengerollt und zusammen-gebunden worden ist, kann mit dem Rollen begonnen werden. Dabei kann man unterschiedlich vorgehen. Manche ziehen es vor, das Material vor dem Rollen anzufeuchten, um Falten zu vermeiden. Andere gießen Wasser über die Matte, nachdem diese zusammengerollt worden ist und rollen sie anschließend schnell aus, um zu kontrollieren, ob alles richtig liegt.

Ansonsten kann nur noch hinzugefügt werden, daß die Matte die ganze Zeit bewegt, gedrückt und gerollt werden muß. Bei dünnen Wollschichten, muß man sehr vorsichtig sein. Und nicht zu viel rollen, da die Faser sich sonst sehr schnell in der Matte festsetzen. Zur Herstellung von dünnen Filzarten verwende ich deshalb die Rollmatte auch nur zum Anfilzen. (siehe Wurftetechnik)

Wurftechnik

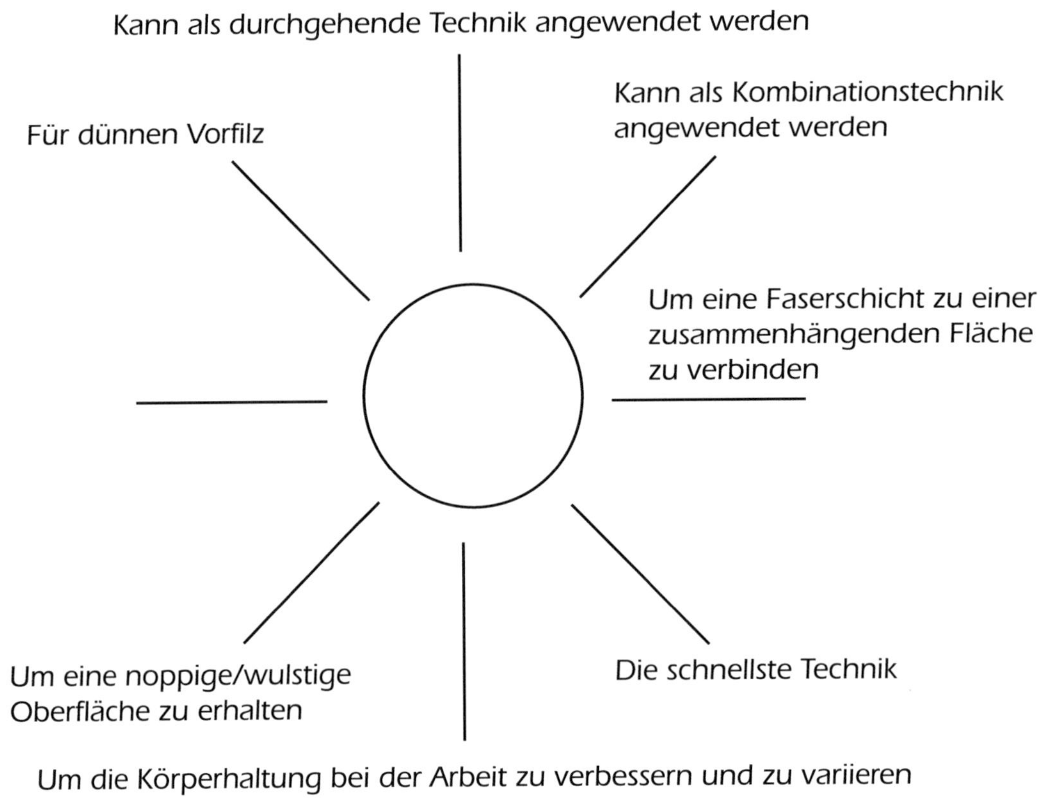

WURFTECHNIK

Anwendung:

Die Wurftechnik ist nicht, wie man meinen könnte, nur eine Technik, wo es um das Prinzip des Werfens mit dem Filzmaterial geht. (Sie kann auch für den letzten Teil des Filzprozesses bei der Herstellung von Schuhen, Hüten u.ä verwendet werden, wo man mit anderen Techniken begonnen hat. Außerdem hat man bei der Wurftechnik eine besser Körperhaltung, da sie ein schnelles Filzen herbeiführt).

Die Technik ist vor allem gut für das verbinden und Filzen von dünnen Flächen aus feinen Wolltypen ganz gleich ob für Vorfilz oder für fertigen Filz. Wenn es darum geht, die spezielle, noppige/wulstige Oberfläche des Filzmaterials hervorzuheben, ist dies die ultimative Technik. Stoffe, die mit dieser Technik hergestellt worden sind, eignen sich besonders für die Herstellung von Bekleidungsstücken und Wohnungstextilien.

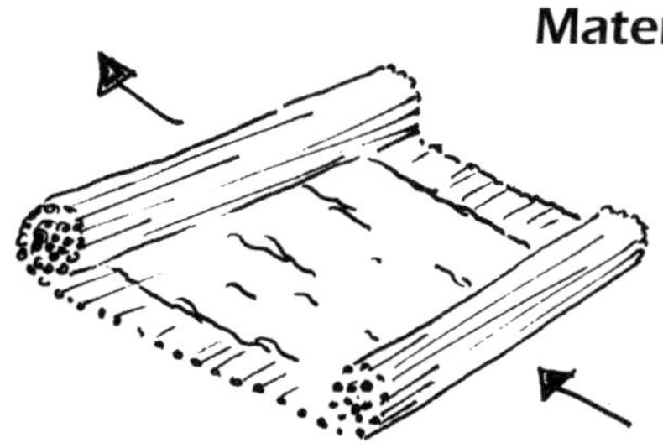

8. Das Zusammenrollen der Matte in die entgegengesetzte Richtung.

Materialien:

Diese Technik eignet sich am besten für sehr feine Wollfasern, wie z.B. Merino, Feinwolle u.ä. Sie kann aber auch für gröbere Fasern benutzt werden. Wichtig ist es nur, den Arbeitsprozeß auf den Verfilzungsrhytmus einzustellen, der jedem einzelnen Wolltypus entspricht.

Filzgeräte:

Bambusrollmatten (gern einige, die zusammengenäht sind, damit die Rollmatte doppelt so lang wird), eine Gardisette Gardine, Seife, eine Schüssel, alte Handtücher, ein Topf, ein Kochherd oder Mikrowelle, Wasser und ein Arbeitstisch.

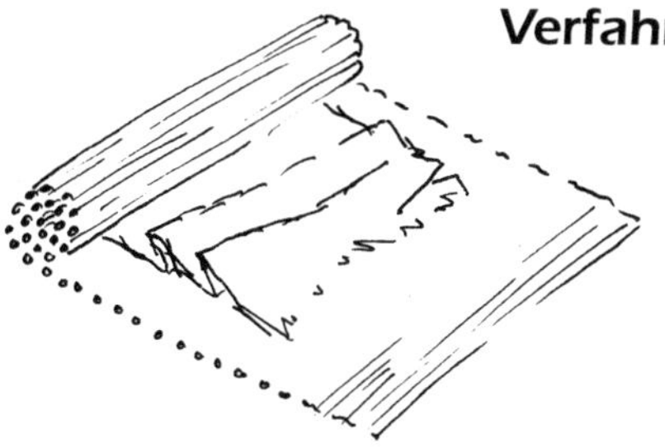

9. Heben des Materials in großen Falten.

Verfahren:

Zuerst wird die Wolle auf der Matte ausgebreitet. Danach wird sie mit Hilfe der Rolltechnik binnen kurzer Zeit zu einer zusammenhängende Fläche verbunden. (Die richtige Zeitspanne ist dabei sehr wichtig). Anschliessend wird die leicht zusammenhängende Filzfläche aus der Matte herausgewickelt und so lange geworfen, bis sie die richtige Stufe Vorfilz erreicht hat oder vollkommen verfilzt worden ist.

Auslegen der Wolle in der Matte:

(siehe Auslegen der Wolle unter Rolltechnik)

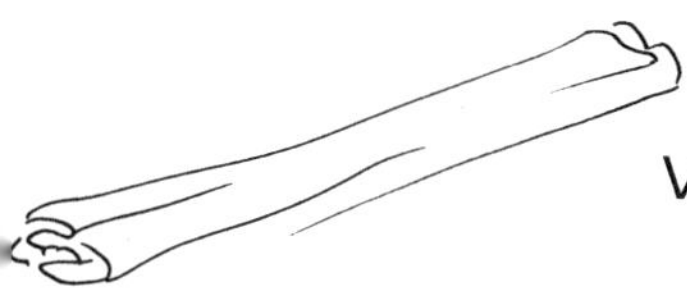

10. Das Fasermaterial ist zu einer großen Rolle zusammengefaltet.

Verbinden des Fasermaterials zu einer zusammenhängenden Fläche:

Wenn die Wolle zurechtgelegt ist, rollt man die Bambusmatte zusammen und übergießt sie mit sehr warmem Seifenwasser. Die Matte wird jetzt einige Minuten gerollt. Danach rollt man die Matte aus zu prüfen, ob die Wolle auf der ganzen Fläche durchnäßt worden ist, was oft nicht der Fall ist. Dann rollt man die Matte vom anderen Ende her zusammen (Bild 8) und wiederholt den Prozeß.

Anschliessend wird die Rolle noch einmal mit sehr warmem Wasser übergossen und das Rollen wird noch einige Minuten fortgesetzt. Jetzt kann die Matte geöffnet werden. Das Material hat noch nicht richtig angefangen, sich zu verfilzen, wird aber durch das Seifenwasser zusammengehalten, das beinahe wie eine Art Leim wirkt. Das große, nasse Stück wird vorsichtig aus der Bambusmatte herausgehoben (Bild 9) und zu einer Rolle zusammenfaltet, die leicht zu hantieren ist (Bild 10). Die Rolle wird in der Mitte zusammengefaltet (Bild 11) und mit beiden Händen wird das überschüssige Wasser aus dem Material herausgepreßt (Bild 12)

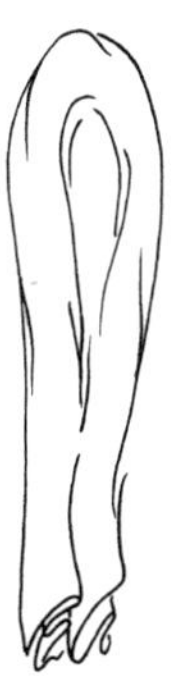

11. Die beiden Enden der Filzrolle werden zusammengefaltet.

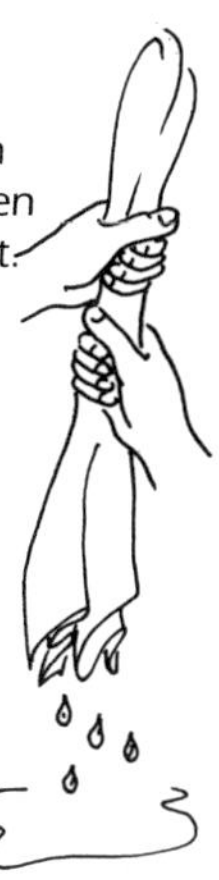

12. Das Wasser wird aus der Rolle herausgepreßt.

Werfen des Fasermaterials:

Wenn das überschüssige Wasser aus dem Fasermaterial herausgepreßt worden ist, kann man mit dem Werfen beginnen. Das große Bündel wird vorsichtig 10 cm von der Tischplatte gehoben und fallen gelassen. Es ist wichtig, daß dabei jedesmal das ganze Bündel hoch genommen wird. Dies ca. 10 mal wiederholen. Danach wird das Bündel ausgebreitet, damit es nicht anfängt, sich in den Falten zu verfilzen.

Das Material wird noch einmal als Bündel gesammelt und ca. 5 Minuten geworfen. Danach ist es als Vorfilz verwendbar. Die Seife kann herausgespült werden und es kann zum Trocknen weggelegt werden.

Wenn das Material in einem Arbeitsgang ganz fertiggestellt werden soll, setzt man einfach den Prozeß fort. (Anstatt das Material zu spülen und zum Trocknen wegzulegen).

Das Material kann aufgewärmt werden, nachdem es zusammengerollt und in der Mitte gefaltet worden ist. Es wird mit beiden Händen hochgehoben und in einen Eimer mit warmem Seifenwasser getaucht. Dort bleibt es, bis es durchgewärmt ist. Danach wird das überschüssige Wasser herausgepreßt und das Material wird auf den Tisch gelegt. Wie bisher wird es geworfen und danach ausgebreitet. Die Säume haben die Tendenz, sich zusammenzurollen. Geschieht das, müssen diese geglättet werden, damit keine großen Klumpen entstehen.

Das Filzmaterial kühlt durch das Werfen sehr schnell ab. Damit der Verfilzungsprozeß so gleichmäßig wie möglich fortschreitet, muß das Material laufend aufgewärmt werden, indem man es ins warme Seifenwasser eintaucht. Allmählich setzt der Verfilzungsprozeß ein und man kann anfangen, das Material stärker zu werfen. Jetzt beginnen auch die charakteristischen kleinen Blasen, die ich so gern mag, an der Oberfläche des Materials aufzutreten. Wann ist das Material fertig? Das hängt davon ab, wozu es benutzt wird. Letztenendes hängt es jedoch von einer individuellen Beurteilung ab.

DAMPFTECHNIK

Anwendung:

Bei dieser Technik wird, wie der Name schon sagt, mit Dampf gearbeitet. Diesen Dampf kann man sich auf verschiedene Art verschaffen. Man kann in einer Sauna arbeiten, einen Kessel zum Wasserkochen, ein speziell angefertigtes Dampfgerät aus einem Kessel oder einen Wäschetrockner benutzen – es ist völlig egal, da alles funktioniert. Nur die Filzmengen, die man im einzelnen Fall herstellen kann, sind verschieden.
Mit Dampf kann man den Verfilzungsprozeß ohne den Gebrauch von Seifenwasser in Gang setzen. Man erreicht dadurch eine Erwärmung des Wollmaterials, aber auch gleichzeitig eine Feuchtigkeit, die ausreicht, um ein gutes Verfilzungsmilieu zu schaffen. Nach dem Filzen ist das Material immer noch trocken. Das hat den Vorteil, daß man z.B. gleich damit anfangen kann, die Bahnen zusammenzunähen. Die Technik kann bei Filz für jeden Zweck, und sowohl bei dünnem als auch bei dickem Material, angewendet werden.

Materialien:

Alle Fasertypen können benutzt werden. Da aber einige Fasern schneller reagieren als andere, muß man auch bei dieser Technik sein Material gut kennen und die Technik darauf einstellen.

Filzgeräte:

BambusRollmatten, große Stoffbahnen - am besten synthetische, glatte und dicht gewobene (z.B. Futterstoffe), alte Handtücher, Gummis, um die Rolle zuzubinden, ein Kesseldampfgerät oder einen Wäschetrockner.

Der Arbeitsprozeß:

Die Dampftechnik gibt es in 3 verschiedenen Arten:

A: Filzen mit Dampf und Rollmatte:

Auslegen der Wolle auf einer Rollmatte, Dämpfen und Rollen

B: Filzen mit Dampf und Stoffbahn:

Die Wolle wird auf eine synthetische Stoffbahn gelegt. Das Material wird um ein zusammengerolltes Handtuch gerollt. Mit einem Gummi oder mit einer Schnur wird die Rolle zusammengebunden. Anschließend legt man die Rolle 20 Minuten in ein Dampfgerät, und danach wird sie 10 Minuten auf dem Tisch geworfen.

C: Filzen im Wäschetrockner

Die Wolle wird auf eine synthetische Stoffbahn gelegt. Die Wollfläche wird mit klarem Wasser besprenkelt. Dann wird das Material um ein zusammengerolles Handtuch gerollt, und mit einem Gummi oder mit einer Schnur zusammengebunden. Die Rolle kommt bei starker Wärme ca. 20 Minuten lang in den Wäschetrockner.

Filzen mit Dampf und Rollmatte

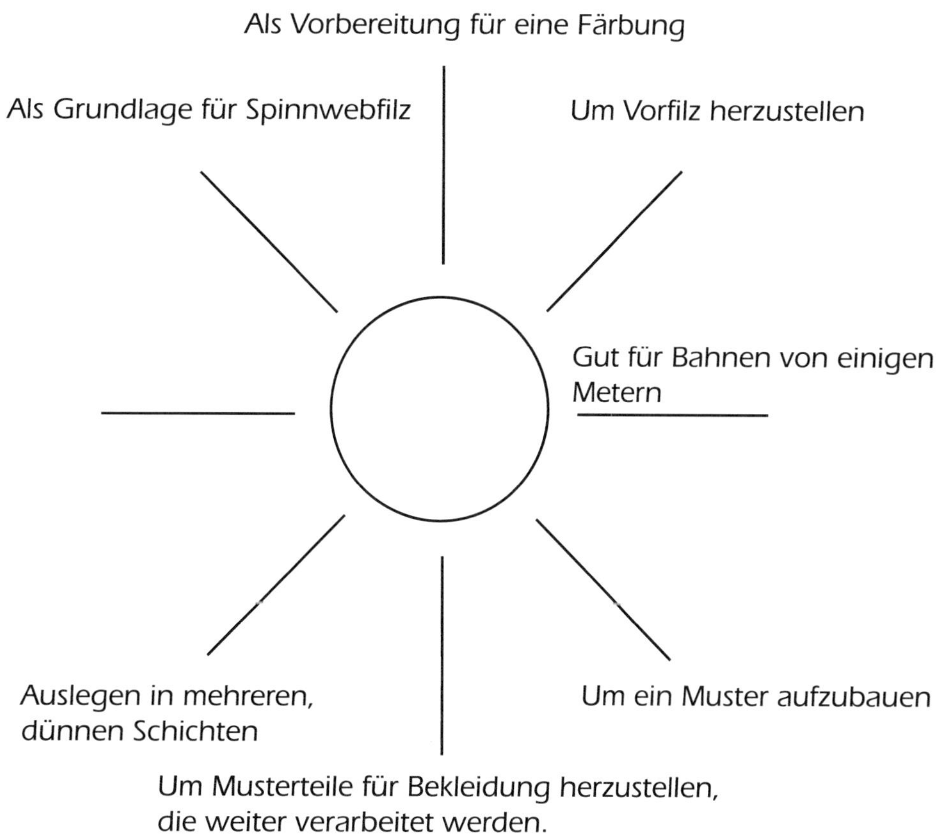

FILZEN MIT DAMPF UND ROLLMATTE

Methode A: Auslegen der Wolle in der Rollmatte

(siehe Auslegen der Wolle)

Vorher im Abschnitt über das Auslegen der Wolle habe ich erwähnt, daß ich zwei kreuzweise gelegte Wollschichten empfehle – es gibt naturlich auch Ausnahmen.

Wenn man z.B. ein Stück Filz mit verschiedenen Farben auf Vorder- und Rückrseite herstellen möchte, kann man mit der folgenden Technik vorgefilzte Stücke herstellen, die aus einer einzelnen Schicht bestehen, und anschließend nach Wunsch gefärbt werden können.

Zwei in dieser Art vorgefilzte Bahnen können danach zusammengefilzt werden. Dadurch erreicht man sowohl ein Filzmaterial aus zwei Schichten, als auch eine verschiedenfarbige Vorder- und Rückseite.

Methode A: Besprenkeln der Wollfläche mit Wasser.

Die ganze Wollschicht wird mit kaltem Wasser mit der Hand oder mit einem Zerstäuber besprenkelt. Die Matte wird zusammengerollt und mit einem Gummi oder mit einer Schnur zusammengebunden.

Methode A: Dämpfen

(Diese Methode kann beim Dämpfen in einem Kesseldampfgerät mit Verlängerungsrohr benutzt werden). Das Wasser im Gerät wird zum Siedepunkt erwärmt. Dann wird Die Matte ins Gerät gestellt und der Deckel aufgesetzt. (Bild 13). Die Matte muß jetzt ca. 20 Minuten im Dampf stehen. Danach wird sie herausgenommen – aber Vorsicht, sie kann so heiß sein, daß man sich dabei die Finger verbrennt!

Methode A: Rollen

Wenn die Matte aus dem Dampfgerät herausgenommen ist, rollt man sie am besten in ein Handtuch (um die Wärme im Material zu behalten). Mann sollte sofort mit dem Rollen beginnen, damit die Wärme und die Feuchtigkeit in der Matte ausgenutzt werden.

Man rollt ca. 10 Minuten. Danach kann die Matte geöffnet werden. Die Wolle hat jetzt angefangen, sich zu verfilzen. Statt der losen Wolle haben wir jetzt eine lose Bahn, bei der der Filzprozeß noch nicht ganz zu Ende geführt ist. Es ist jetzt möglich, das Material zu färben, als Vorfilz zu schneiden oder einfach anderswohin zu tragen. Man kann z.B. drei lange Bahnen gedämpften Filz herstellen, die danach zusammengefilzt oder – zusammen genäht werden (siehe unter Vorfilz).

Mit dieser Technik kann man auch leichter eventuelle Dekorationen auf dem Filzmaterial verändern. Wenn das dekorierte Material nach dem Dämpfen nicht den Vorstellungen entspricht, kann man die Dekorationen entfernen und durch andere ersetzen. Dies ist ein absoluter Vorteil, da es nicht immer möglich ist, ein Muster noch zu entfernen, wenn man schon Wasser und Seife verwendet hat.

13. Kesseldampfgerät mit Verlängerungsrohr.

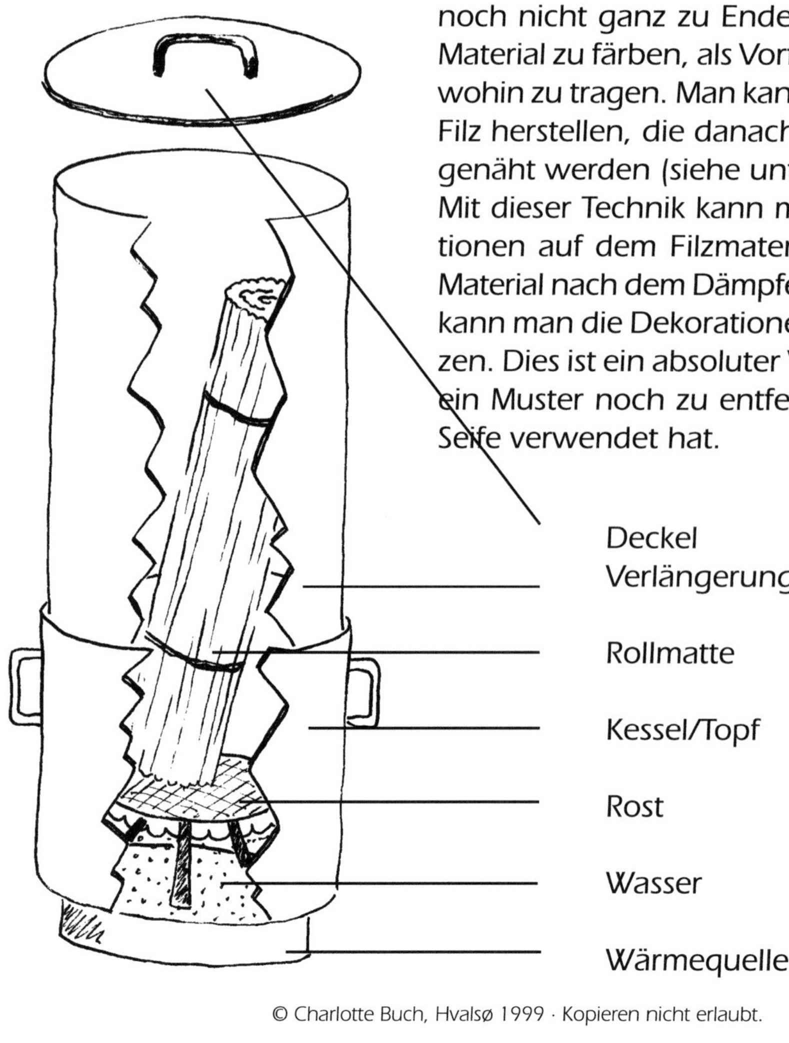

Filzen mit Dampf und Stoffbahn

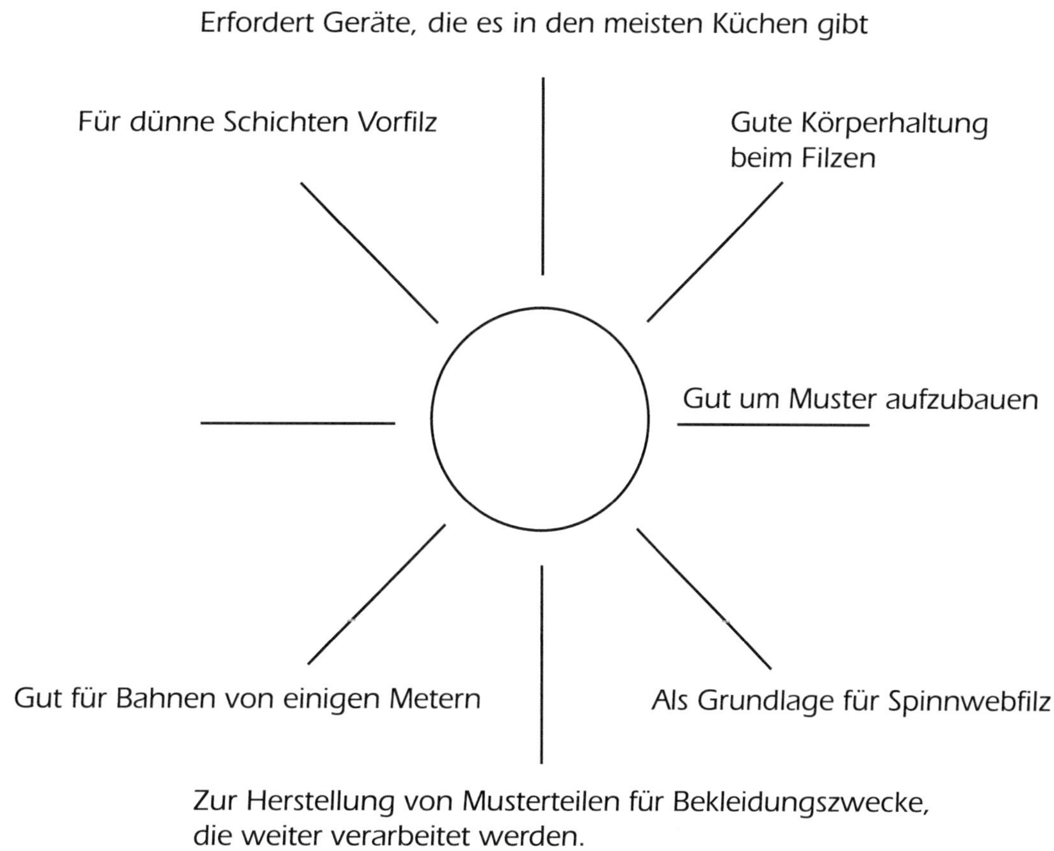

FILZEN MIT DAMPF UND STOFFBAHN

Diese Technik mag ich, weil sie keine besonderen Geräte erfordert – nur eine Futterstoffbahn von ca. 4 Metern. Letztere sorgt dafür, dass sich aussliesslich die Wolle zusammenfilzt und nicht, wie es bei Baumwollstoff der fall wäre, mit dem Stoff verfilzt. Mit dieser Technik kann man die Herstellung von Spinnwebfilz beginnen und vorgefilzte Stücke herstellen. Arbeitet man mit Bekleidungsteilen, ist die Technik gut, um die einzelnen Teile zu einem Stück zusammenzufilzen.
Darüberhinaus hat man dabei eine gute Arbeitshaltung.Man muß immer darauf achten, daß soviel wie möglich gedämpft wird, während sich die Rolle im Dampfgerät befindet, da sonst das Material nicht durchwärmt wird und der Verfilzungsprozeß nicht einsetzen kann.

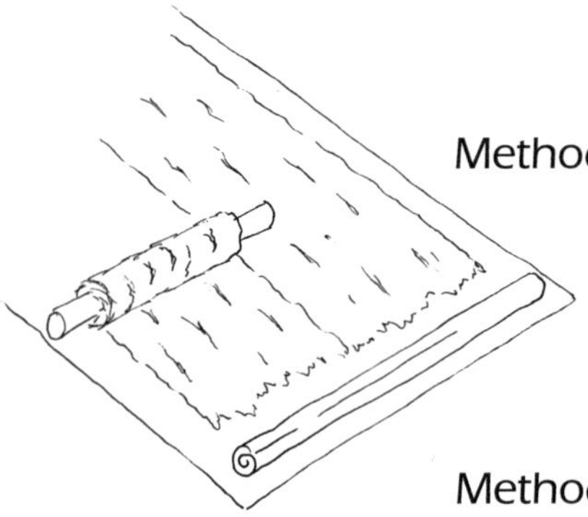

14. Auslegen von Merinobändern in eine Stoffbahn

Methode B: Auslegen der Wolle auf der Stoffbahn.

(siehe unter Auslegen der Wolle und Bild 14)
Die Wolle wird statt auf die Bambusrollmatte auf den Futterstoff gelegt. Wo die ausgelegte Wolle aufhört, muß für ein Handtuch Platz sein.

Methode B: Besprenkeln der Wollfläche mit klarem Wasser.

Die ganze Wollschicht wird mit kaltem Wasser besprenkelt, mit der Hand oder mit einem Zerstäuber. Die Matte wird zusammengerollt und mit einem Gummi oder mit einer Schnur zusammengebunden. (Bild 15)

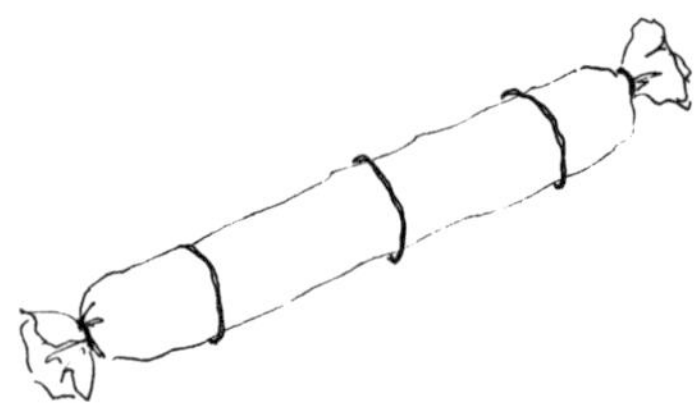

15. Stoffrolle.

Methode B. Dämpfen

Diese Methode kann beim Dämpfen mit einem Kesseldampfgerät benutzt werden. Das Wasser im Gerät wird bis zum Siedepunkt aufgewärmt. Danach wird die Stoffrolle ins Gerät gelegt und der Deckel aufgesetzt. Die Stoffrolle muß jetzt ca. 20 Minuten im Dampf liegen. Danach wird sie herausgenommen. (Bild 16)

Methode B. Werfen der Stoffrolle.

Wenn die Futterstoffrolle aus dem Dampfgerät heraus genommen ist, rollt man sie am besten in ein Handtuch (um die Wärme in der Rolle zu halten). Danach fängt man sofort damit an, die Futterstoffrolle zu werfen. Dadurch wird die Wärme in der Rolle ausgenützt.
Man rollt ca. 10 Minuten. Danach kann die Futterstoffrolle geöffnet werden. Die Wolle hat angefangen sich zu verfilzen. Statt der losen Wolle haben wir jetzt eine lose Bahn, bei der der Filzprozeß noch nicht ganz zu Ende geführt ist.

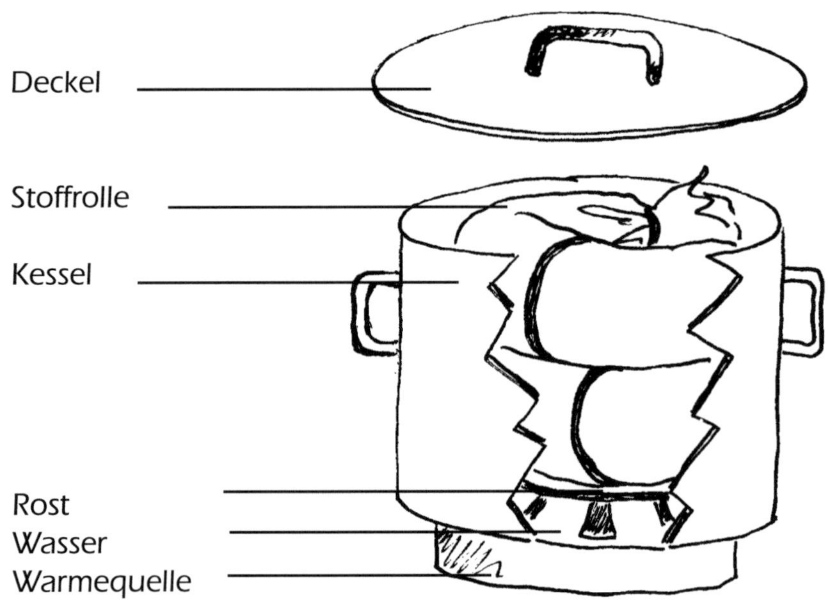

16. Kesseldampfgerät mit Stoffrolle.

Filzen im Wäschetrockner

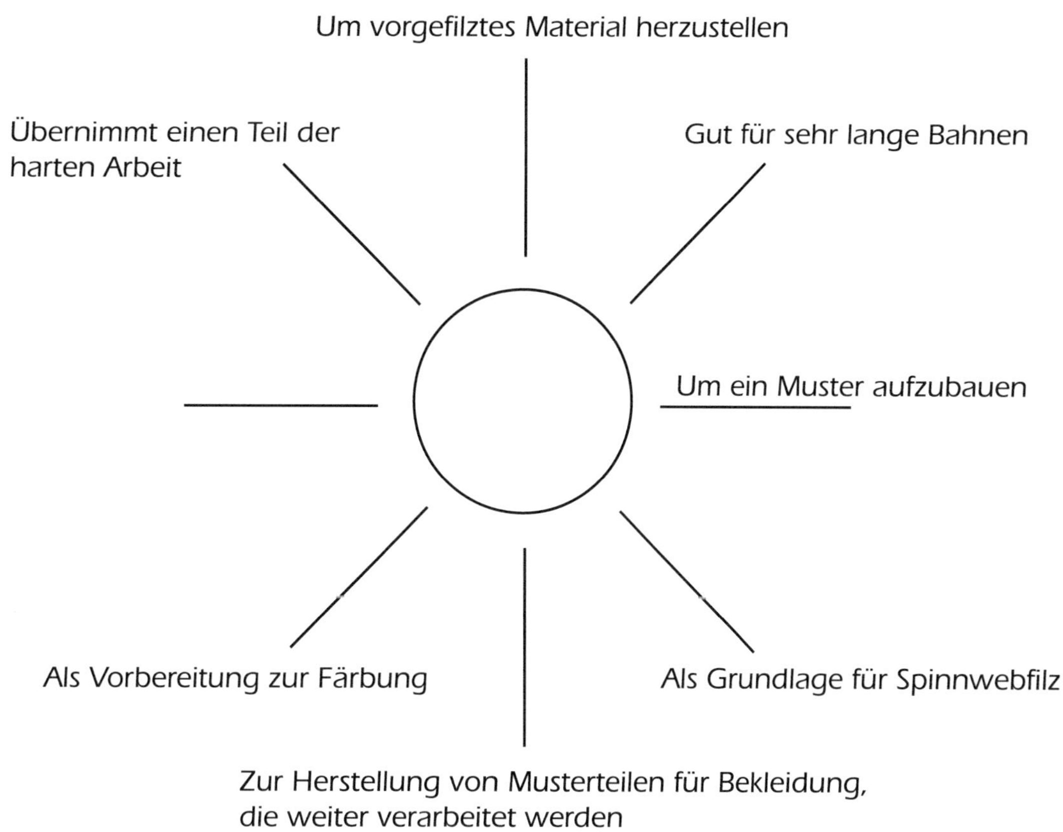

FILZEN IM WÄSCHETROCKER

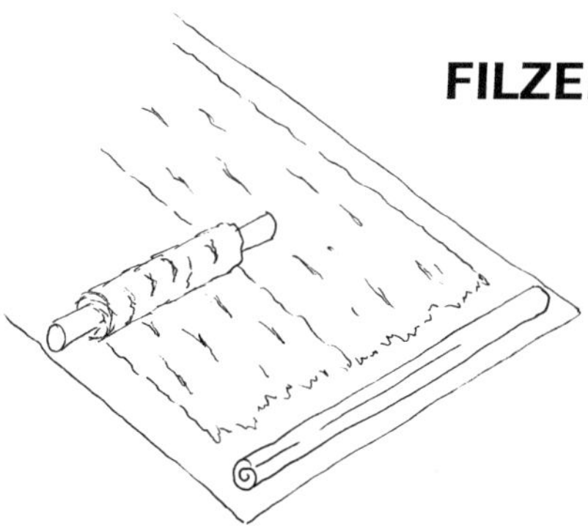

14. Auslegen von Merinobändern auf eine Stoffbahn.

Diese Technik hat neben denselben Qualitäten wie das Filzen mit Dampf und Stoffbahn, auch den Vorteil, daß man sich die Arbeit mit dem Verfilzen Spart. Man kann auch größere Mengen auf einmal herstellen, indem man entweder größere Rollen oder auch mehrere Rollen auf einmal verwendet.

Methode C: Auslegen der Wolle auf eine Stoffbahn

(siehe unter Auslegen der Wolle und Bild 14)
Die Wolle wird statt auf die Bambusrollmatte auf den Futterstoff gelegt. Wo die ausgelegte Wolle aufhört, muß für ein Handtuch Platz sein.

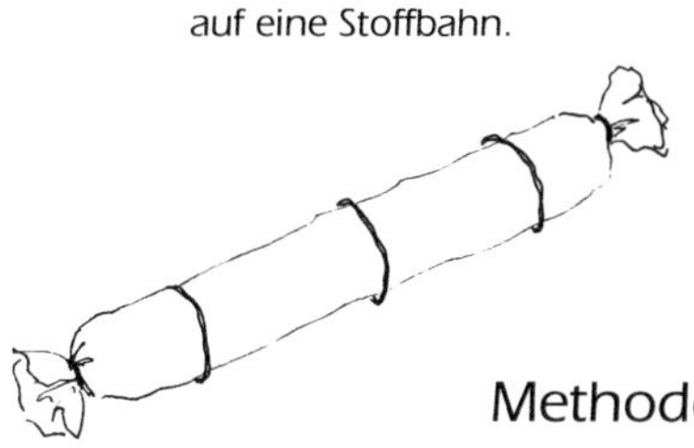

15. Stoffrolle.

Methode C: Besprenkeln der Wollfläche mit klarem Wasser

(Verfahren wie bei den Methoden A und B)

Methode C: Wäschetrockner.

Zuletzt gibt man die Rolle in einen Wäschetrockner und trocknet diese ca. 20 Minuten lang.
Wäschetrockner sind sehr unterschiedlich. Ich habe oft welche benutzt, die nicht warm wurden. Die Verfilzung wurde dabei nicht in Gang gesetzt, und es war reine Zeitverschwendung. Man muß also die richtige Einstellung benutzen, bei der die ganze Zeit gewärmt wird.

Danach kann die Stoffrolle geöffnet werden. Der Wäsche- trockner hat die harte Arbeit mit dem Werfen der Rolle getan, und man hat jetzt ein Stück vorgefilztes Material.

Nunofilz

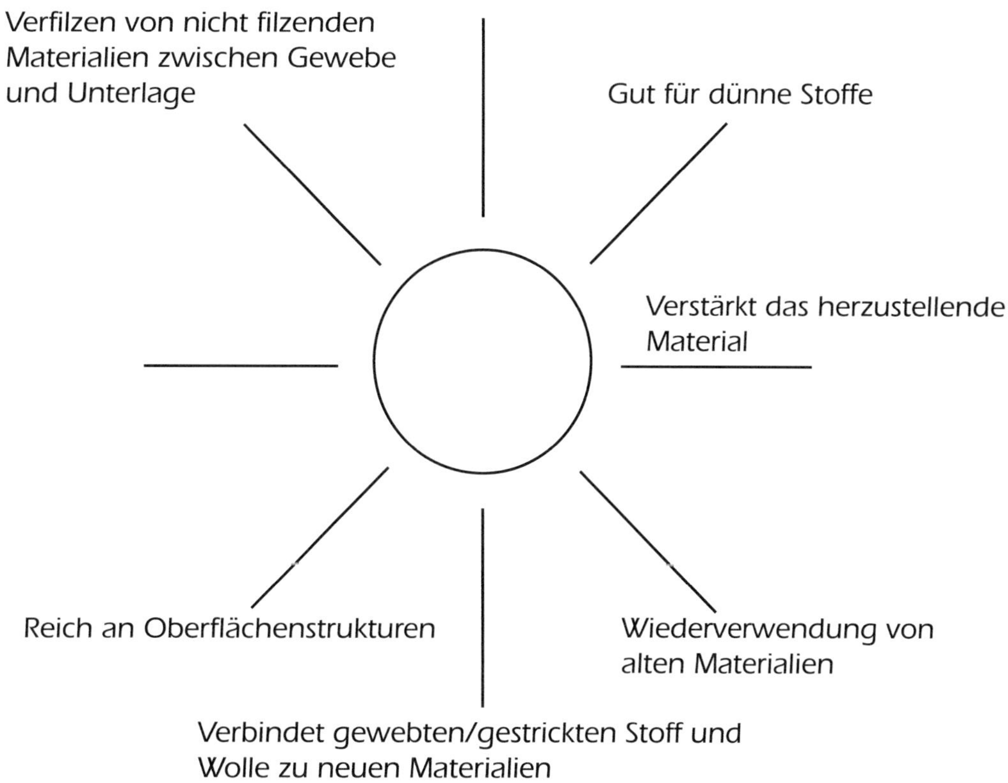

NUNOFILZTECHNIK

Nuno ist ein japanisches Wort für Gewebe. In Dänemark nennen wir die Kombination von Wolle und Gewebe Nunofilz wegen der Australierin Polly Stirling und ihrer japanischen Freundin, Sushi. Die beiden haben gemeinsam gewebte Stoffe mit Hilfe von Filztechniken umgestaltet. Das Endprodukt nennen sie "Nunofilz".

Dünne, lose gewebte Stoffe können in unglaublichste gekräuselte und wogende Stoffe umgestaltet werden. Durch diese Technik, bei der man den gewobenen Stoff auf verschiedene Weise bearbeitet, erhält man eine Unzahl an neuen Stoffvariationen.

Wenn man z.B. die eine Seite des Stoffs mit Wolle bedeckt, erreicht man eine sehr dichte Schrumpfwirkung. Die Fasern haben sich durch das Gewebe hindurchgearbeitet und sind jetzt vollkommen damit verbunden.

Es entsteht ein neues Material mit reinem Wollfilz auf der einen Seite und einer dicht gewobenen Struktur mit Blasen auf der anderen Seite.
Wenn Wolle auf Stoff z.B. in einer Musterfolge gelegt wird, so daß der pure Stoff teilweise noch sichtbar ist, haben diese Bereiche nach dem Filzen Falten, da die Wolle den Stoff während des Filzens zusammenzieht.

Verwendung:

Für Taschen, Gardinen, Hüte, Kleider und Mäntel. Kann beinahe für alle Zwecke benutzt werden, da sowohl hauchfeiner als auch Kräftiger Filz hergestellt werden kann.

Materialien:

Lose gewobener Stoff (nicht zu glatt), z.B. Mull, Käseleinen, Organza, bestimmte Seidestoffe, Strickwaren, Merinowolle und entsprechende Wolle z.B. für Bekleidung, Ansonsten feinfaserige Wollqualitäten, Leinen, Seide, Baumwolle u.s.w.

Filzgeräte:

Große Futterstoffbahnen, alte Handtücher, Gummis (um die Rolle zusammenzubinden), Gardisette Gardinen, Seife, Wasser, eine Schüssel, ein Topf, ein Kochherd oder Mikrowelle.

Der Arbeitsprozeß:

1. Der Stoff wird direkt auf den Tisch gelegt. (Bleibt er nicht liegen, kann man ihn mit Tesa an allen Ecken des Tischs befestigen oder einfach den Stoff naßmachen)

2. Die Wolle wird jetzt auf dem Stoff verteilt. Man muß dabei beachten, daß das Material ca. 50% einläuft. Das gilt besonders beim Herstellen eines Musters.

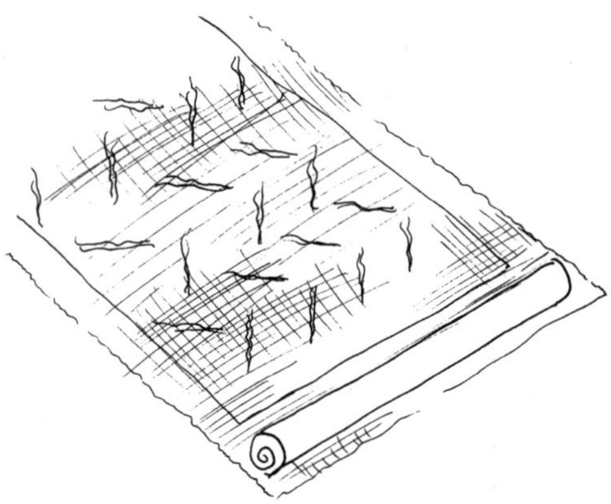

17. Auslegen eines Musters, der Gardisette Gardine und der Rolle aus Handtüchern.

3. Wenn die Wolle verteilt ist, wird die Gardisette Gardine darüber gelegt. (Bild 17)

4. Danach wird die ganze Fläche mit lauwarmen Seifenwasser naß gemacht. Es ist wichtig, daß das Wasser über die ganze Fläche verteilt wird.

5. Eine Rolle von Handtüchern und Laken wird auf die Fläche gelegt. (Bild 17). Die ganze Fläche wird auf die Rolle aufgerollt. Das Material muß dabei so glatt wie möglich werden.

6. Wenn die Gardisette Gardine nicht lang genug ist, um die ganze Stoff- und Wollschicht zu bedecken, muß die Rolle in eine andere Gardine oder in einen anderen Futterstoff eingerollt werden.

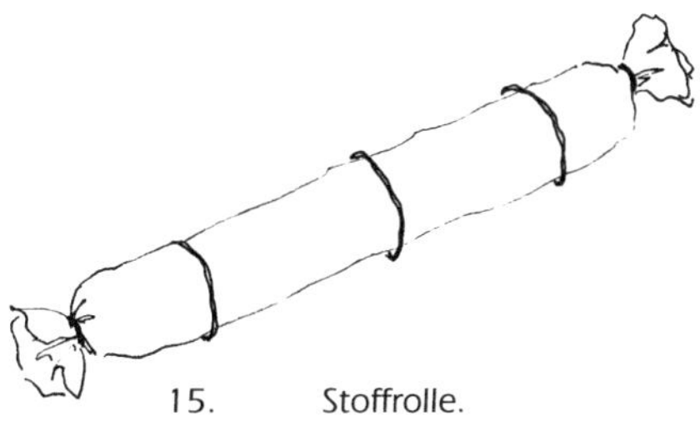

15. Stoffrolle.

Jetzt wird Die Rolle mit Schnüren, Bändern oder Gummis, einmal ganz fest an beiden Enden , ansonsten in Abständen von ca. 20 cm. zugebunden. Es darf aber nicht zu stramm abgebunden werden, die Bänder sollten die Rolle locker umfassen. (Bild 15)

7. Auschließend kann die Rolle mit warmem Wasser übergossen werden, dadurch wird das Material aufgewärmt. Das überflüssige Wasser wird vorsichtig aus der Rolle gepreßt und diese auf dem Tisch ca. 10 Minuten geworfen.

8. Dan werden die äußerste Gardine und die Bänder entfernt, und die Rolle wird geöffnet. Man sieht nach, ob die Wolle angefangen hat, sich mit dem Stoff zu verfilzen. Die Gardisette Gardine wird entfernt und durch den Futterstoff ersetzt. Das Ganze wird wieder zusammen gerollt und die Rolle wird erneut zusammengebunden.

9. Erneut durchnäßt man mit warmem Seifenwasser die Rolle, (Eintauchen in einen Eimer Seifenwasser) um sie aufzuwärmen. Dann das meiste Wasser herausgepresst, und die Rolle vorsichtig ca. 2 Minuten auf dem Tisch geworfen. Danach wird die Rolle wieder geöffnet und kontrolliert, ob sich die Wolle gut mit dem Stoff verfilzt hat.

10. Das Material wird wieder ausgerollt und auf den Tisch mit dem Futterstoff nach oben gelegt. Danach wird der Futterstoff entfernt. (Ich benutze nur die Gardisette Gardine beim ersten Durchnässen des Stoffs, weil ich durchgucken, und leicht kontrollieren kann, ob alles richtig liegt. Nach dem ersten Werfen ersetze ich die Gardine mit dem Futterstoff, der sich sehr selten mit dem Nunofilz verfilzt.

11. Das Material wird wieder ohne den Futterstoff zusammen gefaltet. Die Seite, auf der sich die Wolle befindet, muß nach innen gelegt werden.

12. Ein bißchen Seifenwasser wird eventuell über das Material gegossen und es wird wieder gegen die Tischplatte geworfen. Dabei wird das Material gewendet und gedreht, so daß immer wieder neue Teile den Tisch treffen. Man muß beachten daß das Material plötzlich und sehr stark einlaufen kann.

13. Zuletzt kann das Material gestreckt und mit Essigwasser gespült werden.

Spinnwebfilz

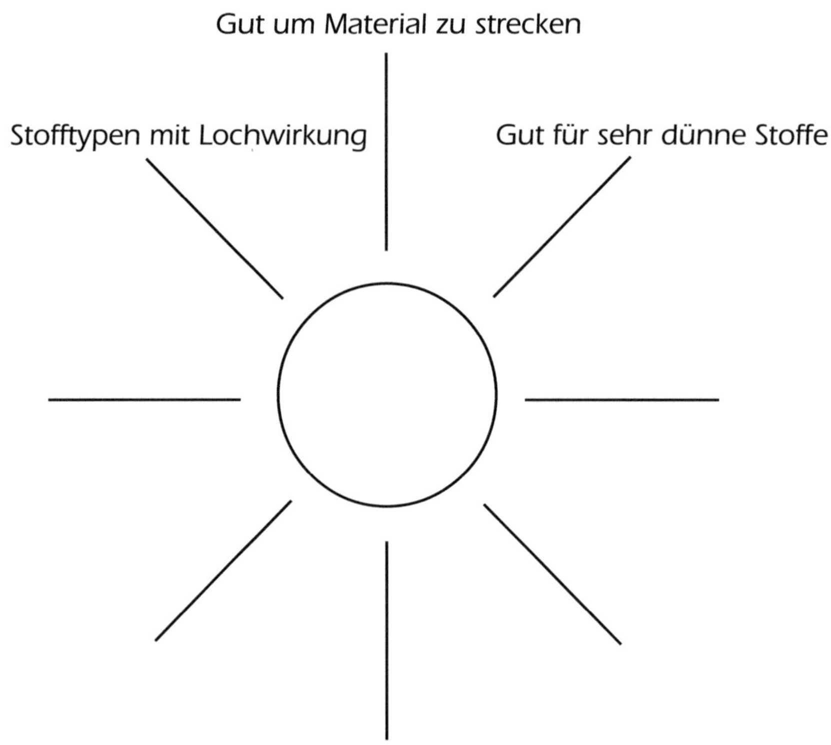

SPINNWEBFILZTECHNIK

Verwendung:

Spinnwebfilz ist die Bezeichnung für ein sehr dünnes und transparentes Stück Filz, das für viele Zwecke verwendet werden kann: z.B. Kopftücher, Gardinen, Kleider und Raumteiler. Diese Technik und diese Bezeichnung wurden von der dänischen Filzkünstlerin Lene Nielsen entwickelt. Ihre eigene und sehr gründliche Beschreibung der Technik kann man in ihrem Magazin "Filt/Felt" finden. Ich beschreibe hier, wie ich dieselben Effekte mit etwas anderen Techniken erreiche.

Materialien:

Man kann sich denken, daß diese dünne Filzqualität einen besonderen Wolltyp erfordert. Das ist eigentlich auch der Fall, da sich die Wolltypen mit den feinsten Fasern am besten eignen. Es gibt aber auch Beispiele, wo sehr grobe Wolltypen für die Herstellung von spinnwebdünnem Material benutzt werden können.

Die Deckwolle der Schafe von den Faerø Inseln kann auf erstaunlichste Weise zu diesen sehr charakteristischen, spinnwebdünnen Flächen aus groben Fasern verarbeitet werden. Diese wirken sowohl leicht als auch glänzend. Es muß jedoch hinzugefügt werden, daß ich nichts vom Gebrauchswert dieses Materials weiß. Ich habe diese Technik nur in den Arbeiten Ása Hátuns von den Faerø Inseln gesehen, die allesamt Bildkunst waren.

Filzgeräte:

Bambus Rollmatten (gern einige zusammengenähte, damit die Rollmatte doppelt so lang wird), synthetische Stoffbahnen von 3-4 Metern Länge, Gummis oder Schnur, eine Gardisette Gardine, Seife und eine Schüssel, alte Handtücher, einen Kessel, einen Herd, Wasser sowie einen Arbeitstisch.

Der Arbeitsprozeß:

1. Die Wolle für diesen Prozeß muß sehr gründlich kardiert sein. Wenn man Tops benutzt, die Bänder, in denen Merinowolle verkauft wird, müssen diese sehr gründlich verteilt werden. Auf diese Weise entstehen keine Flächen, bei denen die Fasern sich übereinander winden, da dies auf dem fertigen Material deutlich erkennbar wäre. (es sei denn, man wünscht das als besondere Wirkung)

2. Danach wird die kardierte Wolle auf der Futterstoffbahn in sehr dünnen Büscheln verteilt. Letztere werden wie ein Dach in Längsrichtung des Stoffsgelegt,damit sie eine spinnwebdünne Schicht bilden. Für diese Technik wird nur eine Schicht benutzt.

3. Man kann auch Merinobänder (Tops) benutzen (siehe im Abschnitt "Auslegen der Wolle"). Man rollt sie vom Papier auf den Futterstoff in der gewünschten Länge.

4. Möchte man eine Dekoration, wird diese auf die Wolle gelegt.

5. Das Stück wird mit kaltem Wasser besprenkelt (Man kann z.B eine Halbliterflasche mit Löchern im Deckel oder eine Tasse benutzen.)

6. Eine Rolle von Handtüchern und Laken wird auf das Material gelegt (Bild 17), welches das um die Rolle gerollt wird. Man muß darauf achten, daß alles so glatt wie möglich wird. (siehe unter Filzen mit Dampf und Stoffbahn)

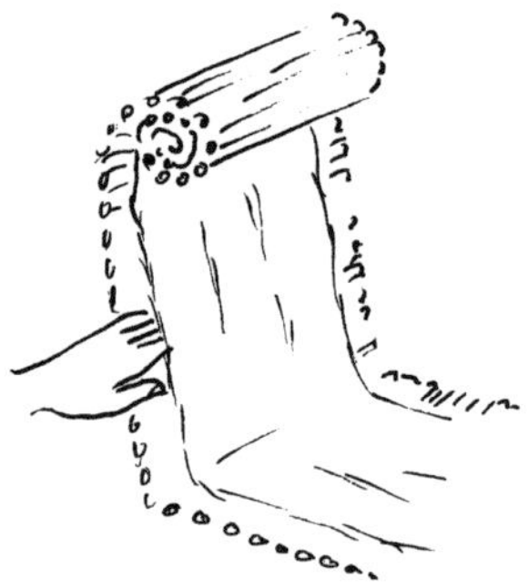

18. Lockern des Spinnwebfilzes von der Rollmatte

7. Jetzt wird die Rolle mit Gummis zugebunden. Einmal ganz fest an beiden Enden, ansonsten mit Abständen von ca. 20 cm. Die Gummis dürfen aber nicht stramm sitzen, sondern die Rolle gerade nur umfassen.

8. Jetzt kann die Rolle bei guter Wärme in den Wäschetrockner gelegt oder in einen Topf mit Dampf ca. 20 Minuten lang getan werden. Benutzt man das Dampfgerät, muß die Rolle 10 bis 15 Minuten nach dem Dämpfen geworfen werden.

9. Die Rolle kann jetzt geöffnet werden. Das spinnwebdünne Material müßte jetzt ganz zusammenhängend sein. Sind die Musterwirkungen nicht ganz wie geplant ausgefallen, kann man den Prozeß wiederholen, das Muster ändern und noch einmal dämpfen. (Die Punkte 5-8 werden wiederholt)

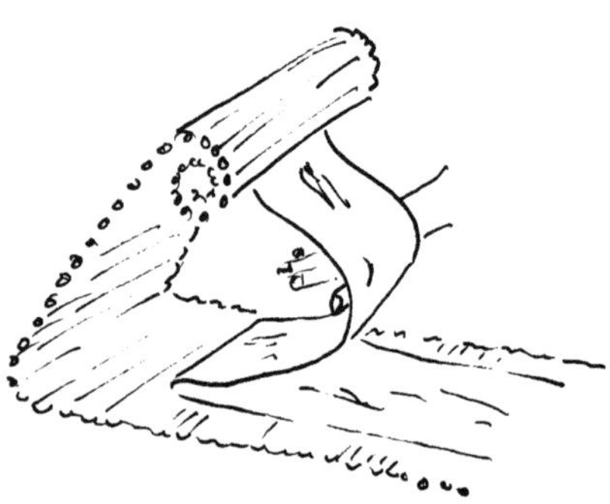

19. Falten des Materials

10. Jetzt, wo sich das Muster auf der einen Seite gefestigt hat, kann man das Material wenden und auf die andere Seite Musterteile legen, mit Wasser besprenkeln und zusammenrollen. Danach wird das Material ca. 20 Minuten gedämpft, 10 bis 15 Minuten geworfen, oder kommt noch einmal ca. 20 Minuten in den Wäschetrockner.

11. Man kann jetzt das Material in eine Rollmatte legen, diese zusammenrollen und mit warmem Wasser übergießen. Dann kann man einige Minuten rollen. Danach wird die Matte geöffnet, damit man sehen kann, ob die Wolle angefangen hat, sich zu verfilzen (Man muß dabei darauf achten,daß die Wolle sich nicht mit der Matte verfilzt.)

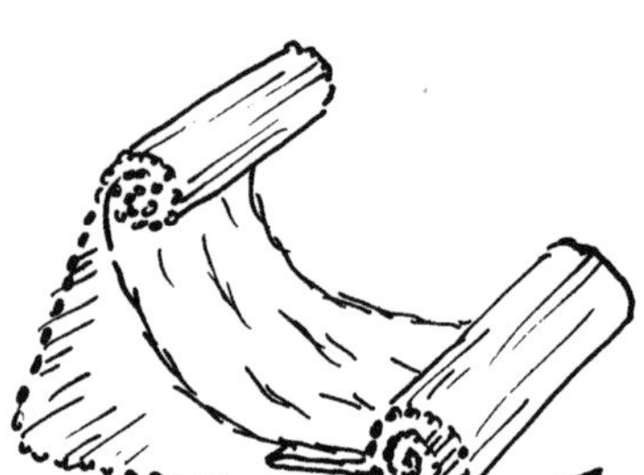

20. Rollen der Matte über die Falte

12. Wenn der Spinnwebfilz anfängt fester zu werden, kann man damit beginnen, das Material zu strecken. Die Matte wird so gerollt, daß sie gerade das Material festhält. Die Matte wird vom Tisch hochgehoben. Der Filz wird von der Matte gelockert, indem die Hand zwischen die Matte und den Filz gesteckt wird. Danach wird der Filz zum Tisch hingeschoben, Dabei entsteht eine Falte. (Bild 18 und 19)

13. Die Rollmatte wird zurückgezogen. Danach wird die Matte vorwärts von der anderen Seite gerollt, so daß sie über die Falte rollt, die im Filz entstanden ist (Bild 20)

14. Jetzt hat man mehr Matte als Material. Man kann das Material vorsichtig strecken, indem gleichzeitig an beiden Enden der Rollgardine gezogen wird (Bild 21)

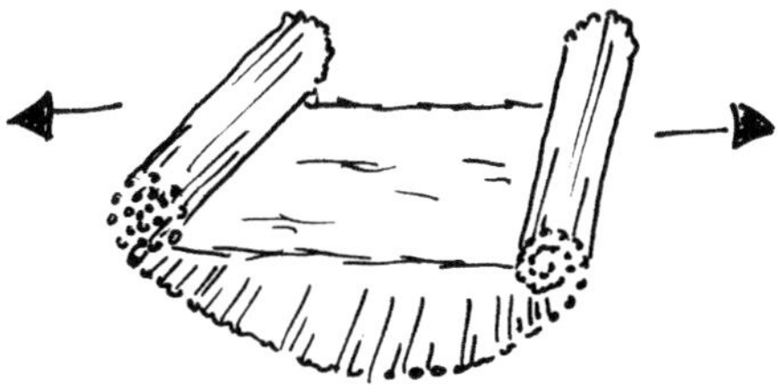

21.Strecken des Spinnwebfilzes

15. Nun muß die ganze Filzfläche bearbeitet werden, indem man zwischen Strecken und Rollen des Materials abwechselt.

16. Oft ist es notwendig, daß das Material in Querrichtung gestreckt wird.

17. Zuletzt wird das Material gespült. In das letzte Spülwasser kommt ein Löffel Essig.

LIEFERANTENVERZEICHNIS

Kartehuset
Ulla Winding
Vesterskovvej 8
DK-5792 Aarslev
Tlf +45 6599 1919
Merino Nadelfilzflor
Gefärbte Merinowolle in Bändern
Verschiedene Fasermischungen in Bändern
Lanasyn Farbpulver
Rollmatten u.a.m.

Henrichsens Uldspinderi
Christiansgade 7
DK-7800 Skive
Tlf +45 9752 0630
Kardierte Lamm- und Merinowolle

GRIMA
Den Danske Filtforening (Vereinigung dänischer Filzer)
Vorsitzende: Bente Lykke
Ingerslevvej 9
DK-8632 Lemming
Tlf +45 8685 9208
4 mal pro Jahr wird ein Heft für Mitglieder herausgegeben
Veranstaltet Kurse, Ausstellungen und Reisen.

May Jacobsen Hvistendahl
Bjørkhol
N-2320 Furnes
Norge
Tlf: + 47 6236 5560
Merino Nadelfilzflor

Gudruns Ullbod
Ulunda
S-754 91
Sverige
Tlf: +46 171 399 95
Merino Nadelfilzflor

Schafwollkämmerei und Wollversand
Gerhard Eischer
Adlerstrasse 1
D- 91580 Petersaurach
Tlf: +49 09872/2423 Fax: 2405
Deutschland
Merino Nadelfilz
Merinowolle in Bändern
Schafwollvlies
Rohwolle und gekämmte Wollen

Zürcher Stalder AG
Postfach
CH-3422 Kirchberg
Tlf: + 41 034 448 42 42
Schweiz
Merino Nadelfilz

VerFilzt und Zugenäht
Zeitschrift für Filzbegeisterte, erscheint halbjährlich.
Zu beziehen bei:
Jeannette Rucktäschel
Brückenweg 4
64732 Bad König-Oberkinzig oder
Beate Bossert
Hügelstr. 17
71549 Auenwald

Sonja Fritz, Wollwerkstatt
Forsthausstrasse 7
74420 Oberrot-Neuhausen
Tlf.: +49 07977 1684
Deutschland
Merino Nadelfilz